essentials

Weitere Bände in dieser Reihe
http://www.springer.com/series/13088

Hans H. Hinterhuber

Erfolgreiches Führen von Mitarbeitern

Wie Organisationen ihre Mitarbeitenden langfristig motivieren und begeistern können

Hans H. Hinterhuber
Chairman, Hinterhuber & Partners
Professor emeritus
Universität Innsbruck
Österreich

ISSN 2197-6708
ISBN 978-3-658-04460-2
DOI 10.1007/978-3-658-04461-9

ISSN 2197-6716 (electronic)
ISBN 978-3-658-04461-9 (eBook)

Die Deutsche Nationalbibliothek verzeichnet diese Publikation in der Deutschen Nationalbibliografie; detaillierte bibliografische Daten sind im Internet über http://dnb.d-nb.de abrufbar.

Springer VS
© Springer Fachmedien Wiesbaden 2014
Das Werk einschließlich aller seiner Teile ist urheberrechtlich geschützt. Jede Verwertung, die nicht ausdrücklich vom Urheberrechtsgesetz zugelassen ist, bedarf der vorherigen Zustimmung des Verlags. Das gilt insbesondere für Vervielfältigungen, Bearbeitungen, Übersetzungen, Mikroverfilmungen und die Einspeicherung und Verarbeitung in elektronischen Systemen.

Die Wiedergabe von Gebrauchsnamen, Handelsnamen, Warenbezeichnungen usw. in diesem Werk berechtigt auch ohne besondere Kennzeichnung nicht zu der Annahme, dass solche Namen im Sinne der Warenzeichen- und Markenschutz-Gesetzgebung als frei zu betrachten wären und daher von jedermann benutzt werden dürften.

Gedruckt auf säurefreiem und chlorfrei gebleichtem Papier

Springer VS ist eine Marke von Springer DE. Springer DE ist Teil der Fachverlagsgruppe Springer Science+Business Media
www.springer-vs.de

Vorwort

Empirische Studien zeigen, dass eine exzellente Führung der wichtigste Einzelfaktor für den nachhaltigen Erfolg einer Organisation ist. Exzellent Führen lässt sich innerhalb bestimmter Grenzen erlernen, wenn man es will und wenn die Situation es erfordert. Der vorliegende Beitrag, der dem von Johannes Eurich und Alexander Brink herausgegebenen Buch: Leadership in sozialen Organisationen, Wiesbaden 2009, entnommen ist, zeigt, wie das geht.

Inhaltsverzeichnis

1 Einleitung 1

2 Dienen als Grundgedanke der Führung 3

3 Die nicht-delegierbaren Führungsaufgaben 7

4 Führende personifizieren eine Gemeinschaft 11

5 Die Auswahl und Entwicklung der richtigen
  Mitarbeiterinnen und Mitarbeiter 15

6 Schlussbemerkung 17

Literatur 19

Einleitung 1

Wer etwas haben will, muss auch etwas geben.
Martin Luther

Je turbulenter das Umfeld und je schwieriger die wirtschaftlichen Rahmenbedingungen sind, desto mehr trägt eine exzellente Führung zum Erfolg einer jeden Organisation bei. Diese vielfach abgesicherte Erfahrung lässt die Frage zu, was wohl eine exzellente Führung einer Organisation ausmache. Die soll hier in vier Abschnitten geschehen.

Erstens wird gezeigt, dass Dienen der Grundgedanke der Führung ist. In diesem Sinne ist Leadership mehr als Management.

Zweitens werden die Führungsaufgaben dargestellt, die nicht delegierbar sind.

Drittens wird der Nachweis erbracht, dass Führende eine Gemeinschaft personifizieren und sich als Teil derer verstehen, die mitdenken und mithandeln sollen, um den Kunden einen Mehrwert zu bieten und die Institution langfristig stärker zu machen.

Der vierte Abschnitt behandelt die Auswahl und Entwicklung der richtigen Mitarbeiterinnen und Mitarbeiter.

Die zentrale Botschaft des Beitrages lautet: Führen heißt, einen Weg zu Herz und Vernunft der Mitarbeiterinnen und Mitarbeiter finden, der über lange Zeiträume das Beste in ihnen weckt und sie in die Lage versetzt, das Beste zum Wohle des Ganzen zu geben.

Dienen als Grundgedanke der Führung

Jede Einrichtung ist der verlängerte Schatten des Mannes oder der Frau an der Spitze.
Ralph Waldo Emerson

Führen heißt, Mitarbeiterinnen und Mitarbeiter inspirieren und in die Lage zu versetzen, sich begeistert für gemeinsame Ziele und Aufgaben einzusetzen. Führen heißt auch, herausragende Mitarbeiterinnen und Mitarbeiter erkennen und anerkennen, sich um sie kümmern und ihnen helfen, ihr maximales Leistungspotenzial zu erreichen und vielleicht etwas höher zu streben als sie selbst für möglich halten (Hinterhuber und Saeed 2014).

Führen ist eine Kombination aus Leadership und Management, die von der Situation abhängt, in der geführt wird (Abb. 2.1).

Leadership heißt:

1. eine Richtung vorgeben, die Sinn macht,
2. neue Möglichkeiten erschließen und umsetzen oder umsetzen lassen,
3. Mitarbeiterinnen und Mitarbeiter im positiven Sinne für das Erreichen von Zielen zu beeinflussen, die im gemeinsamen Interesse sind,
4. authentisch sein, d. h. ein Charakter, der Vertrauen Glaubwürdigkeit einflößt.

Management dagegen bedeutet:

1. Probleme auf eine kreative Weise lösen,
2. Bestehendes optimieren,
3. Planen, Organisieren, Kontrollieren, Koordinieren und dgl. mehr.

Management ist mehr ein technokratischer Ansatz, für den es eine Vielzahl von Methoden, Instrumenten und Einstellungen gibt, mit denen eine Einrichtung ihren

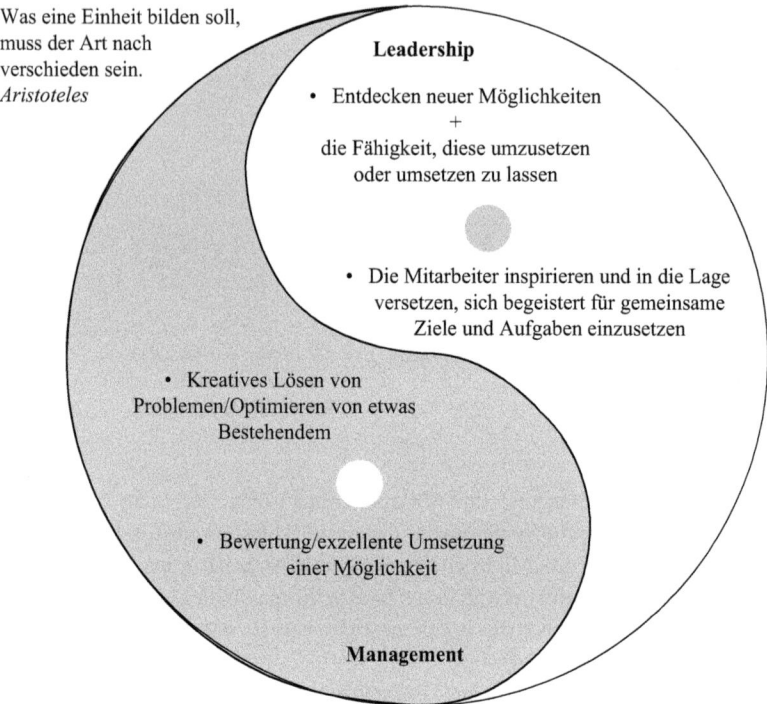

Abb. 2.1 Führung = Management plus Leadership

Kunden einen Mehrwert bieten und ihr Überleben sichern kann. Management lässt sich deshalb leichter erlernen als Leadership.

Leadership ist subtiler, denn es geht darum:

1. Möglichkeiten zu entdecken und umzusetzen, die andere nicht gesehen haben, und
2. Mitarbeiterinnen und Mitarbeiter zu bewegen, ihre Energie in den Dienst gemeinsamer Aufgaben zu stellen.

Dazu gehört, wie erwähnt, ein Charakter, der Vertrauen und Glaubwürdigkeit einflößt. Leadership ist deshalb eine Kombination aus Charakter, Wissen und Tun. Das Ziel von Leadership ist Exzellenz in allem, was wir tun (Abb. 2.2).

Management ist dem kognitiven Bereich des Planens, Organisierens, Optimierens, Kontrollierens und dgl. mehr zuzurechnen. Management ist auf Umsetzung

2 Dienen als Grundgedanke der Führung

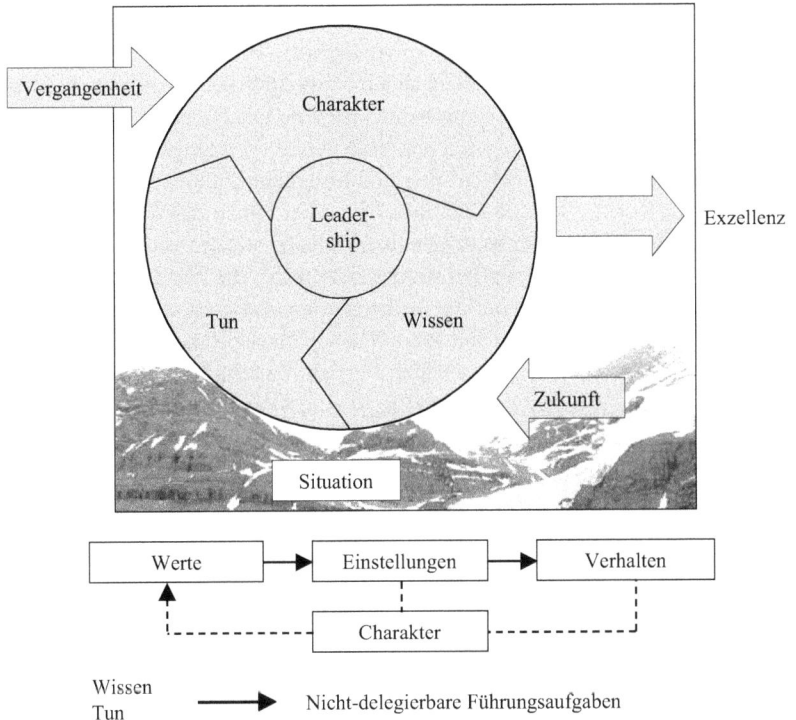

Abb. 2.2 Leadership = Charakter plus Wissen plus Tun (in Anlehnung an: The U.S. Army Leadership Field Manual 2004)

und Performance ausgelegt. Der kognitive Bereich ist Führungskräften wohl bekannt; die gesamte Aus- und Weiterbildung ist auf Meisterschaft in diesem Bereich ausgerichtet.

Veränderungsprozesse in Organisationen spielen sich jedoch überwiegend in einem anderen Bereich – dem emotionalen Bereich – ab. Der emotionale Bereich ist gekennzeichnet durch: Intuition, Unzufriedenheit, häufig auch Ärger mit dem Status-quo, Unmut mit den Konkurrenten, Stress und dgl. Mehr. Bei Veränderungsprozessen, wenn eine neue Pionierphase der Organisation eingeleitet werden soll, ist in erster Linie der emotionale Bereich gefordert, der allerdings durch die Vernunft geleitet werden muss (Hinterhuber 2011). Leadership betrifft deshalb mehr den emotionalen, Management mehr den kognitiven Bereich.

Führende brauchen je nach Situation einmal mehr Leadership-, ein anderes Mal mehr Management-Fähigkeiten. Leadership und Management ergänzen sich wie

Yin und Yang, keines ist ohne das andere möglich. Der deutsche Begriff Führung umfasst Leadership und Management. Im vorliegenden Beitrag geht es vorwiegend um Leadership; Leadership wird dabei als transformationaler Prozess verstanden, der durch vier Komponenten gekennzeichnet ist: visionäre Führung, inspirierende Motivation, intellektuelle Stimulation und individualisiertes Eingehen auf die Mitarbeiterinnen und Mitarbeiter (Neubauer und Rosemann 2005).

Die natürliche Autorität und Glaubwürdigkeit der Führenden hängt davon ab, ob ihre vorgelebte Vision, ihre Strategien und Verhaltensweisen von den Mitarbeiterinnen und Mitarbeitern akzeptiert werden oder nicht. Die Wurzeln von Leadership liegen im Respekt und in der Ehrfurcht vor dem Anderen, in der Wertschätzung der Menschen, in Idealen und Werten sowie im selbstlosen Dienen und in einem Einsatz, der über den persönlichen Bereich hinausgeht (Pircher-Friedrich 2005).

Die nicht-delegierbaren Führungsaufgaben 3

> *Der Mensch ist wie eine Bruchrechnung.*
> *Der Zähler zeigt an, was er ist, der Nenner,*
> *wofür er sich hält. Je größer der Nenner,*
> *desto kleiner der Bruch.*
>
> Leo Tolstoi

Es gibt bestimmte Aufgaben, die nicht-delegierbar sind, wenn Führende ihre Führungsverantwortung erfüllen wollen. Die Metapher des Hauses veranschaulicht die nicht-delegierbaren Führungsaufgaben (Abb. 3.1, Hinterhuber und Krauthammer 2005).

Empirische Untersuchungen (Hinterhuber 2011) zeigen, dass der Erfolg einer Organisation in erster Linie von den Kundenbeziehungen und der Qualität der Produkte und Dienstleistungen und in zweiter Linie von der Mitarbeiterzufriedenheit abhängt. Die Mitarbeiter sind der Schlüssel zur Kundenzufriedenheit. Deshalb bilden die Kunden die Grundlage des „Leadership-Hauses".

Wer führen will, muss erstens eine Richtung vorgeben, die Sinn macht und Vernunft und Herz der Mitarbeiterinnen und Mitarbeiter anspricht. Er hat zweitens eine Vorbildfunktion und muss die Werte der Einrichtung leben und vorleben. Die dritte Führungsverantwortung besteht darin, Werte zu schaffen, und zwar – in dieser Reihenfolge – für die Kunden, die Mitarbeiterinnen und Mitarbeiter und die Anteilseigner. Wer auch nur einer dieser drei Verantwortungen nicht nachkommt, erfüllt seine Führungsaufgabe nicht.

Führung hat eine ethische Komponente. Die allgemeine Ethik liefert die theoretische Basis für das Führungsverhalten (Albach 2007).

Wer führen will, muss authentisch sein. Führen ist ein Lebensstil und eine Frage der inneren Haltung (Hinterhuber 2007). Authentisch ist die ganzheitliche Führungspersönlichkeit, die sich Zeit für die Familie, die Freunde und die eigene Gesundheit nimmt, die Neugier für das Leben zeigt, die Selbstvertrauen mit Demut

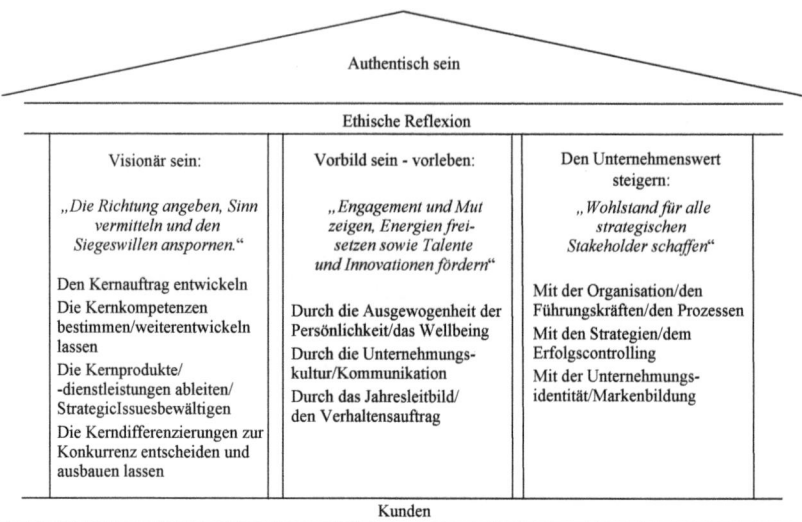

Abb. 3.1 Leadership heißt, die richtigen Prioritäten setzen

verbindet, die weiß, dass es neben der höchsten Professionalität noch Tausend andere Dinge gibt, die ein gelingendes Leben ausmachen.

Jede Säule stellt Führungsaufgaben dar, die ein persönliches Involvement der Führenden verlangen und deshalb nicht delegierbar sind. Jede Säule und jeder Führungsbereich hängt mit allen anderen zusammen und ist nicht isoliert zu behandeln.

Vielfach abgesicherte Erfahrungen (Hinterhuber und Krauthammer, 2005) lassen die folgenden nicht-delegierbaren Führungsaufgaben den einzelnen Säulen zuordnen:

1. Der *Kernauftrag* ist der konkrete Mehrwert, den die Einrichtung ihren Kunden bietet. Der Kernauftrag eines Krankenhauses lautet z. B.: Steigerung des ganzheitlichen Wohlbefindens der Patienten.
2. Der *Kernkompetenz* ist die integrierte Gesamtheit von Fähigkeiten, Ressourcen, Prozessen, Technologien und Einstellungen, in denen es die Einrichtung zur Meisterschaft gebracht hat und die sie besser beherrscht als die Konkurrenten. Die Kernkompetenz des oben genannten Krankenhauses ist die ganzheitliche, individuelle Pflege und Betreuung der Patienten.
3. Die *Kernprodukte/Kerndienstleistungen* leiten sich aus der Kernkompetenz ab und sind am Beispiel des Krankenhauses der durch pflegerische Intervention veränderte Zustand des Patienten.

4. Die *Kerndifferenzierung* ist der Mehrwert, der in den Augen der Kunden die Produkte/Dienstleistungen unserer Einrichtung von denen der Konkurrenten unterscheidet. Im Krankenhaus können die Patienten und deren Angehörige die Kerndifferenzierung wie folgt sehen: Sach- und Fachkompetenz der Mitarbeiterinnen und Mitarbeiter, Sozialkompetenz, Hotel- und Serviceleistung, Kommunikation, Information, Transparenz, Vermittlung von Sinn und Perspektiven.
5. Die Pflege des eigenen *Wellbeings* und des der Mitarbeiterinnen und Mitarbeiter ist Pflicht eines jeden Führenden. Wellbeing ist der Zustand, in dem ein Mensch mit sich selbst und der Welt im Einklang ist und sein Bestes leisten kann.
6. Führende sind für die Kultur, d. h. für die Summe aller gelebten und anerkannten Werte, Normen und Zielvorstellungen der Einrichtung, die sie leiten, verantwortlich. Werte sind z. B. Respekt vor dem Anderen, Integrität, Offenheit, Loyalität, Teamarbeit und dgl. Mehr. Führende steigern die Wirkung der Kommunikation durch Glaubwürdigkeit, Professionalität, Wissen, durch Mut zum pro-aktiven Handeln und in dem sie Sicherheit durch Zukunftsorientierung bieten.
7. Das *Leitbild* ist die Visualisierung der Grundregeln in der Organisation; es basiert auf den Werten, Normen und Zielvorstellungen, wie sie in der Kultur der Einrichtung gelebt und vorgelebt werden. Das Leitbild ist mit einer Hausordnung vergleichbar, die klare Verhaltensweisen definiert.
8. Führende habend die Aufgabe, einmal eine *Organisation* zu schaffen, in der sich jede Mitarbeiterin und jeder Mitarbeiter entfalten und wachsen kann, zum anderen die richtigen Mitarbeiterinnen und Mitarbeiter auszuwählen und zu entwickeln. Zwei Kriterien spielen dabei die entscheidende Rolle: das Leben und Vorleben der Werte der Einrichtung und das Erreichen der vereinbarten Ziele.
9. Die *Strategie* ist ein integrierendes Gesamtkonzept zur Erreichung von Zielen. Die Strategie des oben erwähnten Krankenhauses ist: Wir beraten und pflegen unsere Patienten und entwickeln mit ihnen Perspektiven, die ihre individuelle Situation und den letzten Stand der Wissenschaft berücksichtigen.
10. Die letzte, nicht-delegierbare Führungsaufgabe betrifft das äußere Erscheinungsbild der Einrichtung. Führende haben die Verantwortung, hinzuarbeiten, dass ihre Einrichtung von der Außenwelt so gesehen und bewertet wird, wie es ihren Werten, Normen und Zielvorstellungen entspricht. Das Ziel ist eine sowohl nach innen wie außen attraktive Einrichtung zu sein und die Marke zu stärken.

Führende personifizieren eine Gemeinschaft 4

Dem gehorchen die Menschen gerne,
von dem sie wissen, dass er verständiger
auf ihr Wohl bedacht ist als sie selbst.
Xenophon

Erfolgreiche Unternehmer und Führungskräfte sind *Kollektiv-Wesen*. Sie führen weniger als Individuen, so nahe die gegenteilige Annahme im Falle großer Führungspersönlichkeiten liegt. Sie verkörpern jeweils eine bestimmte Gemeinschaft als solche und müssen deshalb von dem Nicht-Kollektiven in sich, ihrem Persönlichen und Individuellen absehen. Das Persönliche und Individuelle zählt relativ. Leadership geht nicht vom persönlichen Menschen aus, sondern von der Personifizierung einer Gemeinschaft.

Führende verstehen die Kunst, die Werte zu verkörpern, die bewusst oder unbewusst, auch die Werte der Mitarbeiterinnen und Mitarbeiter sind, Dadurch gewinnen sie die Herzen ihrer Mitarbeiterinnen und Mitarbeiter. Marc Aurel verkörperte die Werte der Stoa, die die Philosophie des römischen Kaiserreichs war, Moltke die preußischen Tugenden, Jack Welch die Werte einer kompetitiven Gesellschaft.

Außergewöhnliche Führungspersönlichkeiten können für eine gewisse Zeit außergewöhnliche Leistungen erzielen. Die Geschichte zeigt jedoch, dass langfristig außergewöhnliche Leistungen das Ergebnis bewusster und gewissenhafter Bemühungen einer Vielzahl von engagierten Führungskräften und Mitarbeitern sind, die einen sinnvollen Kernauftrag in die Wirklichkeit umsetzen. Es sind die richtig geleiteten kollektiven Anstrengungen, die letztlich eine Einrichtung zu dem machen, was sie ist (Wunderer 2006).

Wer eine Gemeinschaft personifiziert, muss den Verlockungen von Nebenerfolgen und der Erschütterung durch Misserfolge, widerstehen, eigene Nebenwünsche zum Schweigen bringen und Wünsche und Forderungen der Mitarbeiterinnen und Mitarbeiter im Interesse des Ganzen berücksichtigen. Er oder sie muss mit Herz und Vernunft führen (Abb. 4.1).

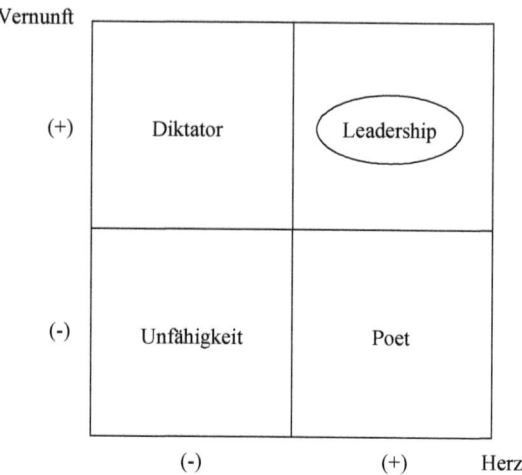

Abb. 4.1 Führen mit Herz und Vernunft (in Anlehnung an Koestenbaum 2002)

Führen heißt, Vernunft und Herz der Mitarbeiterinnen und Mitarbeiter gewinnen. Führen heißt, sich als Teil derer zu verstehen, die mitgehen, mitdenken und mithandeln sollen, um mit ihren Vorgesetzten neue Möglichkeiten zu erschließen und/oder Bestehendes zu optimieren. Wer führen will, muss einen Weg zu den Mitarbeitern finden, der über lange Zeiträume das Beste in ihnen weckt und ein Umfeld zu schaffen, damit sie ihr Bestes zum Wohle des Ganzen geben können (Hinterhuber 2013).

Empirische Untersuchungen (Chatterjee und Hambrick 2007) zeigen, dass narzisstische Führungspersönlichkeiten ein großes Risiko für jede Institution darstellen: Führende, die erwarten, dass jeder ihnen die geschuldete Ehrerbietung erweist, die immer im Mittelpunkt der Aufmerksamkeit stehen wollen, die sich anderen überlegen fühlen und die sich damit beschäftigen, zu zeigen, wie außergewöhnlich sie sind, neigen dazu, extrem volatile Ergebnisse zu liefern. Auf der einen Seite kann ihr aufgeblähtes Selbstbild einer Institution Dynamik und Größe verleihen, auf der anderen Seite kann ihr Bestreben, ihre Institution als Werkzeug für persönliche Grandiosität zu nutzen, einer Einrichtung großen Schaden zufügen (Hildemann 2007; Manzeschke und Nagel 2006).

Bei Führung kommt es auf die ursprüngliche Gleichheit der Wellenlänge an (Abb. 4.2).

4 Führende personifizieren eine Gemeinschaft

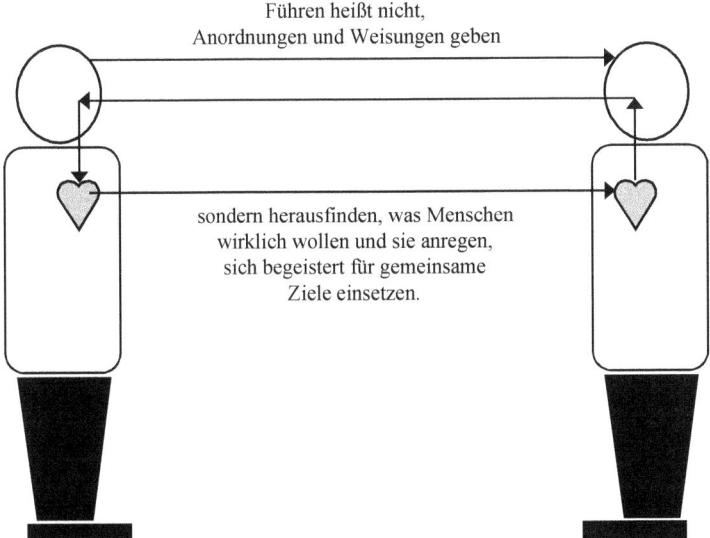

Abb. 4.2 Die ganzheitliche Beziehung zwischen Führenden und Geführten (in Anlehnung an K. Baumgartner)

Das bedeutet nicht, Verschiedenartigkeit unter den Mitarbeitern auszuschließen. Ein komplexes System, wie es jede Institution ist, erneuert sich in Funktion seiner Fähigkeit, Verschiedenartigkeit zuzulassen, zu fördern, im Interesse der Strategien zu nutzen sowie sich selbst laufend zu erneuern (Schuster 2006).

Die Auswahl und Entwicklung der richtigen Mitarbeiterinnen und Mitarbeiter

> *Ich schaue einem Bewerber lieber in die Augen als in die Zeugnisse.*
> Helmut Maucher

Jeder Führende muss sich selbst Vorwürfe machen, wenn er nicht genug Energie in die Auswahl und Entwicklung seiner Mitarbeiter investiert hat und er wohl auch selbst mit daran Schuld ist, dass sie nicht besser vorwärts kommen. Eine jede Institution wächst in dem Maß, wie ihre Mitarbeiter wachsen.

Zwei Kriterien spielen für die Auswahl und Entwicklung der Mitarbeiter eine entscheidende Rolle:

1. das Leben und Vorleben der *Führungswerte*,
2. das Erreichen der vereinbarten *Ziele*.

Jeder Mitarbeiter wird in Bezug auf die beiden Kriterien beurteilt. Der Ergebnisse werden in eine Matrix eingetragen (Abb. 5.1):

- Mitarbeiter vom Typ II leben die Werte und erreichen die vereinbarten Ziele; sie führen eine Einrichtung erfolgreich in die Zukunft.
- Von Mitarbeitern vom Typ III, die die Werte nicht teilen und die Leistung nicht erbringen, muss sich die Einrichtung trennen.
- Bei Mitarbeitern vom Typ IV muss geprüft werden, warum sie die vereinbarten Ziele nicht erreichen. Die Führenden haben die Pflicht, ihnen zu helfen, die Ziele zu erreichen. Früher oder später müssen allerdings auch diese Mitarbeiter die Ziele erreichen.
- Mitarbeiter vom Typ I erreichen oder übertreffen sogar die vereinbarten Ziele, leben jedoch die Werte der Institution nicht. Eine Trennung ist notwendig, auch wenn die Entscheidung schwer fällt. Der Grund: Es ist oft leichter Ergebnisse

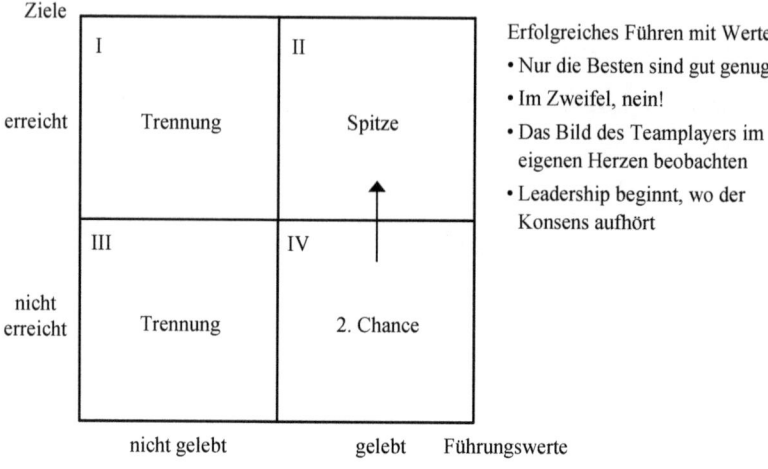

Abb. 5.1 Die Auswahl und Beurteilung der Führungskräfte und Mitarbeiter (in Anlehnung an GE)

kurzfristig zu verbessern, wenn ohne Rücksicht auf die Werte der Institution vorgegangen wird. Menschen, die in Führungspositionen berufen werden, müssen wissen, dass sie als herausgestellte Mitarbeiter persönlich eine Vorbildfunktion einnehmen.

Schlussbemerkung 6

Führung ist ein Ausdruck der Wertschätzung, der Achtung vor denjenigen, durch deren Engagement eine Organisation erfolgreich in die Zukunft geführt wird. Führende, die Herz und Vernunft ihrer Mitarbeiter gewinnen, können viel erreichen. Das setzt voraus, denen zu vertrauen, die geführt werden, aber auch einen Charakter, der Vertrauen einflösst.

Die Hauptergebnisse des vorliegenden Beitrages sind:

1. Führung ist eine Kombination aus Leadership und Management; je nach Situation benötigen Führende einmal mehr Leadership-, ein anderes Mal mehr Managementfähigkeiten.
2. Führung ist Charakter plus Wissen plus Tun.
3. Führung ist innerhalb bestimmter Grenzen erlernbar.
4. Führende setzen Prioritäten und konzentrieren sich auf die nicht-delegierbaren Führungsaufgaben.
5. Führende personifizieren eine Gemeinschaft. Sie verstehen sich als Teil derer, die mitdenken und mithandeln sollen, um gemeinsam das Überleben der Institution zu sichern.
6. Die Auswahl und Entwicklung der richtigen Führungskräfte ist die wichtigste unternehmerische Aufgabe. Zwei Kriterien spielen dabei die entscheidende Rolle: Leben der Werte der Organisation und Erreichen der vereinbarten Ziele.
7. Wer eine Führungsfunktion innehat, muss Herz und Vernunft der Mitarbeiter ansprechen.

Die goldenen Regeln für den Erfolg einer jeden Organisation lauten:

1. Stelle Mitarbeiter ein, die besser und klüger sind als du selbst, nutze ihre Talente und gib ihnen die Möglichkeit, sich zu entwickeln.

2. Beurteile deine Führungskräfte danach:
   a. Welche Mitarbeiter sie eingestellt haben und
   b. Wie viele ihrer Mitarbeiter sie selbst zu Führenden entwickelt haben.
3. Trenne dich rechtzeitig von Mitarbeitern, die die Werte der Organisation nicht leben.
4. Hilf Mitarbeitern, die die Werte der Organisation leben, die vereinbarten Ziele aber nicht erreichen, ihr maximales Leistungspotenzial zu erreichen.
5. Blutsverwandtschaft ist kein Ersatz für Kompetenz.

Literatur

Albach, H. (2007). Unternehmenstheorie und Unternehmensethik. *Zeitschrift für Betriebswirtschaft, Special Issue 1/2007*, 1–13.

Chatterjee, A., & Hambrick, D. C. (2007). It's all about me: Narcissistic CEOs and their effects on company strategy and performance. Accepted for publication at Administrative Science Quarterly.

Hildemann, K. (2009). Charismatische Führungspersönlichkeit und soziale Verantwortung, In J. Eurich & A. Brink (Hrsg.), *Leadership in Sozialen Organisationen*. Wiesbaden.

Hinterhuber, H. H. (2013). *Führen mit strategischer Teilhabe. Wie sich die Lücken zwischen Strategie und Ergebnissen schließen lassen*. Berlin.

Hinterhuber, H. H. (2011). *Die 5 Gebote für exzellente Führung*. Frankfurt a. M.

Hinterhuber, H. H., & Saeed, M. M. (2014). Dienen als Grundgedanke der Führung. In H. H., Hinterhuber, A. Pircher-Friedrich, L. J. Schnorrenberg, & H. K. Stahl (Hrsg.), *Servant Leadership. Prinzipien dienender Unternehmensführung* (2. Aufl.). Berlin.

Hinterhuber, H. H., & Krauthammer, E. (2005). *Leadership – mehr als Management* (4. Aufl.). Wiesbaden.

Hinterhuber, H. H. (2007). *Leadership. Strategisches Denken systematisch schulen von Sokrates bis heute* (4. Aufl.). Frankfurt a. M.

Koestenbaum, P. (2002). *Leadership. The inner side of greatness. A philosophy for leaders* (2. Aufl.). San Francisco.

Manzeschke, A., & Nagel, E. (2006). Leadership in sozialen Institutionen. Zur Organisation von Macht. *Zfwu, 7*(1), 9–26.

Neubauer, W., & Rosemann, B. (2006). *Führung, Macht und Vertrauen in Organisationen*. Stuttgart.

Pircher-Friedrich, A. (2005). *Mit Sinn zum nachhaltigen Erfolg – Anleitung zur werte- und wertorientierten Führung*. Berlin.

Schuster, N. (2006). Leadership in sozialen Institutionen. Von der zentralen Aufgabe des Contingency Mastering. *Zfwu, 7*(1), 62–78.

The Center for Army Leadership. (Hrsg.). (2004). *The U.S. Army Leadership Field Manual*. New York.

Wunderer, R. (2006). *Führung und Zusammenarbeit. Eine unternehmerische Führungslehre* (6. Aufl.). München.

GPSR Compliance

The European Union's (EU) General Product Safety Regulation (GPSR) is a set of rules that requires consumer products to be safe and our obligations to ensure this.

If you have any concerns about our products, you can contact us on

ProductSafety@springernature.com

In case Publisher is established outside the EU, the EU authorized representative is:

Springer Nature Customer Service Center GmbH
Europaplatz 3
69115 Heidelberg, Germany

www.ingramcontent.com/pod-product-compliance
Ingram Content Group UK Ltd.
Pitfield, Milton Keynes, MK11 3LW, UK
UKHW021259180426
11947UKWH00015B/921